수수께끼를 풀며 배우는 속담!

수수께끼 속담

글 : 글씜(U&J) 김민소

김민소는 글쓰기를 좋아하고 글의 힘을 믿는 사람들로 이루어진 창작 집단인 글씜(U&J)에서 활동하고 있는 작가입니다. 글씜(U&J)은 각 분야의 전공자들과 전·현직 초등·중학교 선생님들, 전문 작가들이 모여 다양한 분야의 글을 쓰고 있습니다. 아이들에게 꿈과 희망을 갖게 하고 문학과 역사는 물론, 세상에 대한 호기심을 채워 주기 위해 오늘도 알차고 재미있게 상상력 가득한 이야기를 쓰고자 힘을 쏟고 있답니다.

그동안 쓴 책으로 《톡톡 한국사》, 《우리말 통일사전》, 《나도 스타 크리에이터가 될 거야》, 《천재 과학자들은 어떻게 세상을 바꿨을까》, 《미디어》, 《I NEED 비상! 바이러스의 습격》, 《쓰레기와 인류의 삶》, 《인공지능》, 《헤르만 헤세 아저씨가 들려주는 어린이를 위한 생각동화 1, 2》, 《스타 성공학-연예인 편》을 비롯하여 '동물들은 내 친구' 시리즈 10권, '전래동화' 시리즈 5권, '위인전' 시리즈 5권, '삼국유사 삼국사기' 시리즈 64권 등이 있습니다.

그림 : 손성은

어린 시절을 돌이켜 보면 항상 그림만 그리던 아이였습니다. 어른이 되어서는 그림을 가르쳤는데, 어느 날부터인가 아이들에게 많은 그림을 보여 주고 싶어졌습니다. 그래서 지금은 아이들의 따뜻한 마음과 생생한 일상이 담긴 그림을 책으로 펴내고 있습니다.

〈기적의 도서관전〉, 〈꼭두 일러스트 그림전〉, 〈파주 그림전〉 등의 전시에 참여했고, 《수수께끼 동시》, 《스토리 버스》, 《호기심 깨치기》 등의 그림을 그렸습니다.

수수께끼를 풀며 배우는 **속담**!

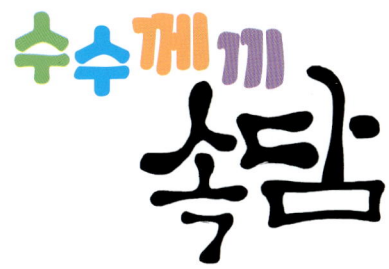

글 김민소 그림 손성은

대원키즈

 머리말

속담을 배우며 표현력과 생각의 힘을 키워요

　속담은 예로부터 오랜 세월 동안 수많은 사람들의 입을 통해 전해 내려오는 말이에요. 선조들이 살아가는 동안에 경험하고 느낀 세상의 이치나 마음속에 새겨야 할 교훈과 지혜를 짧게 표현한 것이지요.

　예를 들어 '발 없는 말이 천 리 간다', '말이 씨가 된다'는 속담은 말을 조심해야 한다는 교훈을 주고, '고생 끝에 낙이 온다'와 '원숭이도 나무에서 떨어진다'는 속담은 세상의 이치를 깨닫게 해 주며 지금 어려움을 겪는 사람들을 위로하지요.

　속담을 배우면 선조들의 지혜와 슬기를 알 수 있을 뿐 아니라 자신의 생각을 효과적으로 전달하고, 하고자 하는 말을 설득력 있게 표현할 수 있어요. 백 마디 말보다 간결한 한 마디의 속담이 강한 힘을 갖기 때문이지요.

    이 책은 이러한 속담을 재미있게 배우고 생활 속에서 보다 쉽게 활용하길 바라는 마음으로 만들었어요. 그래서 우리 친구들의 일상 속에 충분히 있을 법한 일들을 소재로 사용했답니다.

    또한 이 책은 속담을 설명하는 것에 그치지 않고, 속담 속에 등장하는 단어를 수수께끼로 만들어 실었어요. 수수께끼를 풀다 보면 표현력과 어휘력이 늘어날 뿐 아니라 사고력과 창의력도 키울 수 있을 거예요.

    모쪼록 이 책을 읽으며 선조들이 전하는 지혜도 배우고, 어린이 여러분의 언어 생활도 풍부해졌으면 좋겠어요. 그래서 자신의 생각을 제대로 표현할 수 있는 어른으로 자라길 바랍니다.

김 민 소

차 례

머리말 ·· 4
차례 ·· 6

1장 우리 몸과 먹을 것

열 □□ 깨물어 안 아픈 □□이 없다 ········ 12
작은 ㄱㅊ가 더 맵다 ························ 13
믿는 도끼에 □□ 찍힌다 ···················· 14
□□ 겉 핥기 ································ 15
□□□ 키 재기 ······························ 16
속담으로 역사 배우기 타임 ·················· 17
누워서 □ 먹기 ······························ 18
개똥도 □에 쓰려면 없다 ····················· 19
ㅂㄱ ㄲ 놈이 성낸다 ························ 20

새 발의 □ ·································· 21
ㄱㄹ으로 바위 치기 ························ 22
속담 넣어 일기 쓰기 타임 ···················· 23
ㅂ 없는 말이 천 리 간다 ···················· 24
벼 이삭은 익을수록 □□를 숙인다 ············ 25
□ 심은 데 □ 나고 팥 심은 데 팥 난다 ········ 26
누워서 □ 뱉기 ······························ 27
쇠□에 경 읽기 ······························ 28
속담과 함께 사자성어 배우기 타임 ············ 29
속담 퀴즈 타임 ······························ 30
그림 보고 속담 맞추기 타임 ·················· 32
속담으로 역사 배우기 타임 ·················· 33
수수께끼 퀴즈 타임 ·························· 34

2장 동물

가재는 ㄱ 편 ······························ 38
닭 잡아먹고 ㅇㄹ 발 내놓기 ················ 39
고래 싸움에 ㅅㅇ 등 터진다 ················ 40

□□□ 날자 배 떨어진다 · · · · · 41
□□□도 밟으면 꿈틀한다 · · · · · 42
꿩 대신 □ · · · · · 43
□□□ 굴에 가야 □□□ 새끼를 잡는다 · · · · · 44
속담으로 역사 배우기 타임 · · · · · 45
□□□□ 적 생각 못 한다 · · · · · 46
똥 묻은 □가 겨 묻은 □ 나무란다 · · · · · 47
□□ 둘을 잡으려다가 하나도 못 잡는다 · · · · · 48
□□의 간을 내먹는다 · · · · · 49
서당 □ 삼 년에 풍월을 읊는다 · · · · · 50
속담 넣어 일기 쓰기 타임 · · · · · 51
□□□도 나무에서 떨어진다 · · · · · 52
□□가 길면 밟힌다 · · · · · 53
□□ 보고 칼 빼기 · · · · · 54
□□□도 제 말하면 온다 · · · · · 55
□ 먹고 알 먹는다 · · · · · 56
속담과 함께 사자성어 배우기 타임 · · · · · 57
속담 퀴즈 타임 · · · · · 58
그림 보고 속담 맞추기 타임 · · · · · 60
속담으로 역사 배우기 타임 · · · · · 61

3장 자연

오르지 못할 □□는 쳐다보지도 마라 · · · · · 64
ㅂ난 집에 부채질한다 · · · · · 65
될성부른 나무는 □□부터 알아본다 · · · · · 66
윗□□이 맑아야 아랫□□이 맑다 · · · · · 67
마른□□에 날벼락 · · · · · 68
ㅂㄹ 앞의 등불 · · · · · 69
ㄱㄱㅅ도 식후경 · · · · · 70

속담으로 역사 배우기 타임 · 71
밑 빠진 독에 □ 붓기 · 72
열 번 찍어 안 넘어가는 □□ 없다 · 73
가지 많은 나무에 ㅂㄹ 잘 날이 없다 · 74
말이 □가 된다 · 75
□에 번쩍 □에 번쩍 · 76
속담과 함께 사자성어 배우기 타임 · 77
속담 퀴즈 타임 · 78
속담 그림 그리기 타임 · 80
속담으로 역사 배우기 타임 · 81
수수께끼 퀴즈 타임 · 82

4장 사물

자라 보고 놀란 가슴 □□□ 보고 놀란다 · 86
사공이 많으면 □가 산으로 간다 · 87
ㄷㅈ 밑이 어둡다 · 88
□□ 도둑이 소도둑 된다 · 89
가랑비에 □□□ 젖는 줄 모른다 · 90
속담으로 역사 배우기 타임 · 91
아니 땐 □□에 연기 날까 · 92
참새가 □□□을 그저 지나랴 · 93
바늘 가는 데 ㅅ 간다 · 94
□에서 새는 바가지는 들에 가도 샌다 · 95
ㅎㅁ로 막을 것을 가래로 막는다 · 96
속담 넣어 일기 쓰기 타임 · 97
ㄱㅅ이 서 말이라도 꿰어야 보배 · 98
소 잃고 □□□ 고친다 · 99
닭 쫓던 개 ㅈㅂ 쳐다보듯 · 100
□□□도 맞들면 낫다 · 101
재주는 곰이 넘고 □은 주인이 받는다 · 102
속담과 함께 사자성어 배우기 타임 · 103

속담 퀴즈 타임 · 104
그림 보고 속담 맞추기 타임 · · · · · · · · · · · · 106
속담으로 역사 배우기 타임 · · · · · · · · · · · · 107

5장 생활

가는 ▢▢이 고와야 오는 ▢▢이 곱다 · · · · 110
낫 놓고 ㄱㄴ 자도 모른다 · · · · · · · · · · · · · 111
하늘이 무너져도 솟아날 ▢▢이 있다 · · · · 112
달면 삼키고 ▢면 뱉는다 · · · · · · · · · · · · · · 113
호랑이는 죽어서 가죽을 남기고
사람은 죽어서 ㅇㄹ을 남긴다 · · · · · · · · · · 114
속담으로 역사 배우기 타임 · · · · · · · · · · · · 115
세 살 적 ▢▢이 여든까지 간다 · · · · · · · · · 116
떡 줄 사람은 ㄲ도 안 꾸는데 김칫국부터 마신다 · · 117
돌다리도 ▢▢ 보고 건너라 · · · · · · · · · · · · 118
▢▢ 끝에 낙이 온다 · · · · · · · · · · · · · · · · · · 119
▢▢▢이 사람 잡는다 · · · · · · · · · · · · · · · · · 120
속담 넣어 일기 쓰기 타임 · · · · · · · · · · · · · 121
말 한마디에 천 냥 ㅂ도 갚는다 · · · · · · · · 122

숭어가 ▢니까 망둥이도 ▢다 · · · · · · · · · · 123
호랑이에게 물려 가도 ▢▢만 차리면 산다 · · 124
불면 ▢▢▢ 쥐면 ▢▢▢ · · · · · · · · · · · · · · 125

▢▢ 주고 ▢▢ 받는다 · · · · · · · · · · · · · · · · 126
속담과 함께 사자성어 배우기 타임 · · · · · · 127
속담 퀴즈 타임 · 128
속담 그림 그리기 타임 · · · · · · · · · · · · · · · 130
속담으로 역사 배우기 타임 · · · · · · · · · · · · 131
수수께끼 퀴즈 타임 · · · · · · · · · · · · · · · · · · 132

정답 · 134

1장
우리 몸과 먹을 것

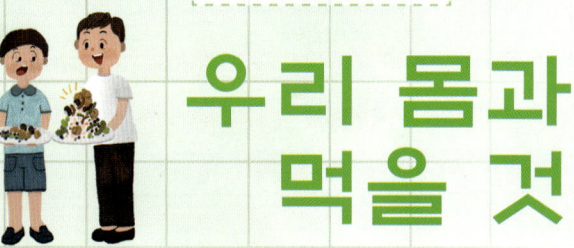

손, 발, 귀 등 우리의 몸과 과일, 채소 등 먹을 것을 주제로 한 속담을 소개할게요. 우리에게 친숙한 것들인 만큼 그 뜻을 잘 이해하고 익혀 두면 일상생활에서도 자연스럽게 사용할 수 있어요.

열 ☐ 깨물어 안 아픈 ☐ 이 없다

자식이 아무리 많아도 귀하고 소중하지 않은 자식은 없다는 말

수수께끼 퀴즈

① 열 **숟가락** 깨물어 안 아픈 **숟가락**이 없다.
② 열 **손가락** 깨물어 안 아픈 **손가락**이 없다.
③ 열 **자식** 깨물어 안 아픈 **자식**이 없다.

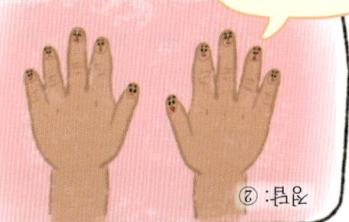

작은 ㄱ ㅊ가 더 맵다

몸집이 작은 사람이 큰 사람보다 재주가 뛰어나다는 말

믿는 도끼에 ☐☐ 찍힌다

믿고 있던 일이 어긋나거나 믿고 있던 사람이 배신하여 피해를 본다는 말

수수께끼 퀴즈

① 믿는 도끼에 **사진** 찍힌다.
② 믿는 도끼에 **나무** 찍힌다.
③ 믿는 도끼에 **발등** 찍힌다.

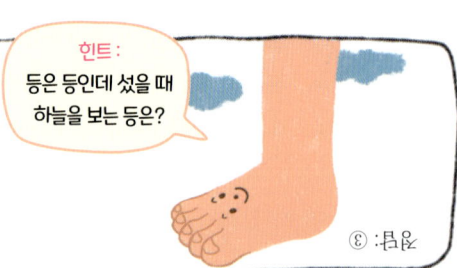

힌트: 등은 등인데 섰을 때 하늘을 보는 등은?

정답: ③

☐☐ 겉 핥기

사물의 속은 잘 모르고 겉만 보고 넘긴다는 말

— 너튜브, 흔치 않은 남매 알아?

— 응! 그 남매 엄청 웃겨! 나 완전 팬이잖아.

— 둘이 오늘 결혼했대!

— 응? 남매인데 결혼을…?

— 팬이라고 하더니 ☐☐ 겉 핥기 식으로 아는구나. 둘이 실제 남매가 아니라 개그맨 커플이잖아.

수수께끼 퀴즈

① 오이 겉 핥기
② 수박 겉 핥기
③ 사과 겉 핥기

힌트: 빨간색 세모 집에 까만 녀석들이 사는 것은?

힌트: 겉은 푸르고 속은 붉은 것은?

정답: ②

☐☐☐ 키 재기

고만고만한 사람끼리 서로 겨루거나 비슷비슷하여 견줄 필요가 없다는 말

수수께끼 퀴즈

① **젓가락** 키 재기
② **도토리** 키 재기
③ **햄스터** 키 재기

힌트: 가을에 모자를 쓰고 떡갈나무 아래 떼 지어 모여 있는 것은?

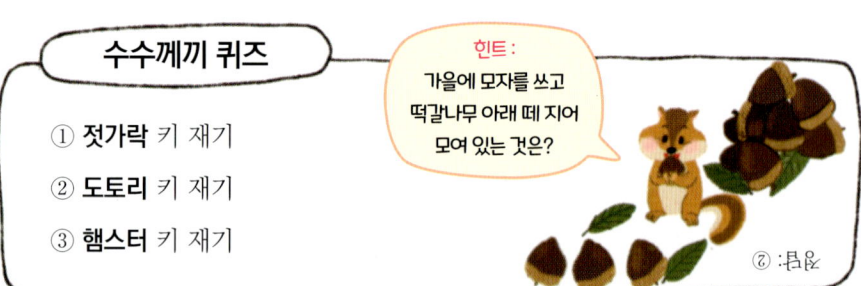

정답: ②

속담으로 역사 배우기 타임

지금까지 배운 속담을 우리나라 역사에 적용해 볼까요? 우리 역사 속에 속담으로 표현할 수 있는 사건은 어떤 것이 있는지 함께 알아보아요.

"믿는 도끼에 발등 찍힌다"

고구려 장수왕 때, 바둑을 잘 두는 승려 도림이 백제의 개로왕을 찾아갔어요. 바둑을 좋아했던 개로왕은 도림과 금세 친구가 되었지요. 시간이 흐르고 개로왕은 나랏일은 돌보지 않은 채 도림과 바둑만 두었고 도림이 시키는 대로 행동했어요. 그중에는 무리하게 궁궐을 새로 짓는 일도 포함되어 있었지요. 왕의 이러한 행동은 백제의 힘을 점점 약하게 만들었고, 고구려는 이 기회를 놓치지 않고 백제를 공격했어요. 이를 막을 힘이 없던 개로왕은 고구려 군사들에게 붙잡혀 죽임을 당하고 말았지요. 그런데 고구려는 백제의 힘이 약해진 것을 어떻게 알았을까요? 바로 승려 도림이 고구려의 첩자였기 때문이에요. 첩자인 줄도 모르고 도림을 철석같이 믿었다가 목숨을 잃은 개로왕 같은 경우를 '믿는 도끼에 발등 찍혔다'고 한답니다.

누워서  먹기

쉽게 할 수 있는 일을 이르는 말

수수께끼 퀴즈

① 누워서 **죽** 먹기

② 누워서 **빵** 먹기

③ 누워서 **떡** 먹기

힌트: 온몸을 골고루 얻어맞아야 맛있어지는 것은?

개똥도 ▢에 쓰려면 없다

평소에 흔하던 것도 막상 찾으면 없다는 말

수수께끼 퀴즈

① 개똥도 **술**에 쓰려면 없다.
② 개똥도 **약**에 쓰려면 없다.
③ 개똥도 **불**에 쓰려면 없다.

힌트: 어려서는 물로 먹고, 커서는 알로 먹는 것은?

브ㄱㄲ 놈이 성낸다

잘못을 저지른 사람이 오히려 화를 낸다는 말

수수께끼 퀴즈

① **변기 깬** 놈이 성낸다.
② **비계 낀** 놈이 성낸다.
③ **방귀 뀐** 놈이 성낸다.

힌트: 산골짜기에서 들리는 노랫소리는?

새 발의 ☐

아주 하찮은 일이나 아주 적은 양을 이르는 말

수수께끼 퀴즈

① 새 발의 **피**
② 새 발의 **신**
③ 새 발의 **힘**

ㄱㄹ 으로 바위 치기

지지 않으려고 맞서거나 버텨도 도저히 이길 수 없는 경우를 이르는 말

수수께끼 퀴즈

① **공룡**으로 바위 치기
② **계란**으로 바위 치기
③ **기름**으로 바위 치기

힌트:
따뜻하게 하면
살아 있는 것이 되고,
더 따뜻하게 하면
먹는 것이 되는 것은?

정답: ②

속담 넣어 일기 쓰기 타임

앞에서 공부한 속담을 읽고 비슷한 경험을 해 본 적이 있는지 떠올려 보세요.
그리고 속담을 넣어 일기를 써 보세요.

월   일   요일

제목:

내가 고른 속담:

ㅂ 없는 말이 천 리 간다

말은 순식간에 퍼진다는 말

수수께끼 퀴즈

① **병** 없는 말이 천 리 간다.
② **발** 없는 말이 천 리 간다.
③ **벗** 없는 말이 천 리 간다.

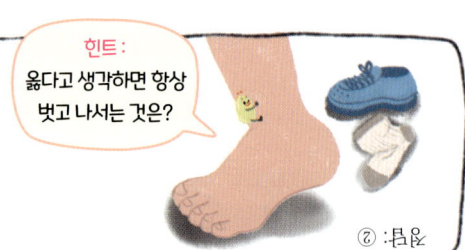

힌트: 옳다고 생각하면 항상 벗고 나서는 것은?

벼 이삭은 익을수록 ☐☐를 숙인다

능력 있는 사람일수록 겸손하게 자신을 낮출 줄 알아야 한다는 말

수수께끼 퀴즈

힌트: 개는 개인데 짖지 않는 개는?

① 벼 이삭은 익을수록 **허리**를 숙인다.
② 벼 이삭은 익을수록 **머리**를 숙인다.
③ 벼 이삭은 익을수록 **고개**를 숙인다.

☐ 심은 데 ☐ 나고 팥 심은 데 팥 난다

어떤 일이든 원인에 따라 결과가 나타난다는 말

> 엄마, 저 오늘 시험 완전히 망쳤어요.

> ☐ 심은 데 ☐ 나고 팥 심은 데 팥 나는 법이야. 놀기만 하면서 어떻게 시험을 잘 보겠어.

수수께끼 퀴즈

① **콩** 심은 데 **콩** 나고 팥 심은 데 팥 난다.
② **꽃** 심은 데 **꽃** 나고 팥 심은 데 팥 난다.
③ **돌** 심은 데 **돌** 나고 팥 심은 데 팥 난다.

힌트: 흑태, 서리태, 녹두, 대두를 한 글자로 말하면?

① : 답정

누워서 ☐ 뱉기

남에 대해 한 말은 결국 자기에게 해가 되어 돌아온다는 것을 이르는 말

수수께끼 퀴즈

① 누워서 **껌** 뱉기
② 누워서 **침** 뱉기
③ 누워서 **독** 뱉기

쇠 □ 에 경 읽기

아무리 가르치고 일러 주어도 알아듣지 못한다는 말

수수께끼 퀴즈

① **쇠눈**에 경 읽기
② **쇠귀**에 경 읽기
③ **쇠코**에 경 읽기

힌트: 태어난 날에 빠졌다고 하는 것은?

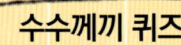

속담과 함께 사자성어 배우기 타임

사자성어는 네 개의 한자로 이루어진 말이에요. 앞에서 배운 속담을 사자성어로 어떻게 쓰는지, 비슷한 뜻의 사자성어에는 어떤 것이 있는지 배워 보아요.

 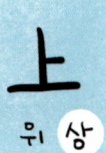 

위도 없고, 아래도 없다는 말로, 더 낫고 더 못함의 차이가 없다는 뜻의 사자성어예요. 흔히 두 사람의 능력과 실력이 우열을 가리기 어려울 때 하는 말이지요. 비슷한 속담으로는 '도토리 키 재기'가 있어요.

예시: 너희 둘의 실력은 아주 **막상막하**로구나!
예시: 어제 경기는 정말 **막상막하**였어.

도둑이 도리어 매를 든다는 뜻으로, 잘못한 사람이 잘못이 없는 사람을 꾸짖을 때 쓰는 말이에요. 이와 비슷한 뜻을 지닌 속담으로 '방귀 뀐 놈이 성낸다'를 들 수 있어요.

예시: 자기가 잘못하고 나한테 화를 내다니, **적반하장**이 따로 없네.
예시: 상대가 **적반하장**의 태도를 보였어!

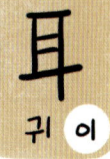 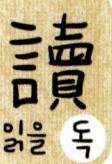

'쇠귀에 경 읽기'라는 속담은 한자로 '우이독경'이라고 해요. 소의 귀에 대고 경전(불경, 성경 등)을 읽어 주는 것과 같을 정도로, 아무리 알려 줘도 알아듣지 못하는 상황에 쓰는 말이에요.

예시: 아무리 말해도 말을 안 듣는 게, **우이독경**이나 다름이 없어.

🥕 속담 퀴즈 타임

속담 연결하기 서로 관계 있는 것끼리 연결하여 속담을 완성해 보세요.

① 열 손가락 깨물어 •   • ㉠ 천 리 간다.

② 개똥도 약에 •   • ㉡ 발등 찍힌다.

③ 믿는 도끼에 •   • ㉢ 쓰려면 없다.

④ 콩 심은 데 콩 나고 •   • ㉣ 성낸다.

⑤ 발 없는 말이 •   • ㉤ 안 아픈 손가락이 없다.

⑥ 방귀 뀐 놈이 •   • ㉥ 고개를 숙인다.

⑦ 벼 이삭은 익을수록 •   • ㉦ 팥 심은 데 팥 난다.

숨은 속담 찾기

아래 그림에는 완전한 속담 다섯 개가 숨어 있어요.
속담은 가로, 세로로 연결되어 있답니다. 두 눈을 크게 뜨고
속담을 찾아 보세요.

개	똥	도	약	에	먹	새	발	의
수	박	겉	핥	찍	기	바	등	피
벼	이	삭	기	힌	다	위	치	기
도	끼	은	믿	는	발	등	찍	힌
쇠	도	익	똥	누	워	서	떡	먹
귀	토	을	발	없	는	말	이	기
에	리	키	재	기	계	란	으	로
침	먹	기	안	아	픈	손	가	락
뱉	작	은	고	추	가	더	맵	다

속담 바꿔 쓰기

앞에서 배운 속담을 지금 우리 생활에 맞게 바꿔서 써 보세요.
단, 의미는 바꾸면 안 돼요.

예시) 개똥도 약에 쓰려면 없다. → 게임기도 심심할 때 고장난다.

예시) 콩 심은데 콩 나고 팥 심은데 팥 난다. → 운동하면 근육 생기고 야식 먹으면 똥배 생긴다.

그림 보고 속담 맞추기 타임

아래 그림을 보고 그림이 의미하는 속담을 빈칸에 써 보세요.

①

②

③

④

속담으로 역사 배우기 타임

지금까지 배운 속담을 우리나라 역사에 적용해 볼까요? 우리 역사 속에 속담으로 표현할 수 있는 사건은 어떤 것이 있는지 함께 알아보아요.

"계란으로 바위 치기"

고려 시대 때, 최고 권력을 자랑하던 무신 최충헌의 집 노비인 만적은 이웃 노비들과 힘을 모아 노비를 해방시킬 반란을 계획했어요. 당시 고려는 누구든지 힘만 있으면 높은 자리를 차지할 수 있었기 때문이었지요. 실제로 최충헌보다 앞서 권력을 잡았던 무신 이의민도 천민 출신이었답니다. 이런 분위기 속에서 만적과 동료들은 노비의 자식이라는 이유 하나로 평생을 차별 속에서 살 수 없다고 생각했던 거예요. 하지만 만적의 계획은 들통이 났고, 이 일에 참여했던 노비들이 모두 붙잡혀 죽임을 당하면서 반란은 실패로 끝나고 말았어요. 사실 이후에도 20여 년간 권력을 휘두를 정도로 막강한 힘을 가진 최충헌을 상대로 한 일이었으니, 만적의 반란은 '**계란으로 바위 치기**'나 다름없었지요.

수수께끼 퀴즈 타임

앞에 나온 수수께끼를 가족이나 친구에게 읽어 주고, 누가 가장 많이 알아맞히는지 수수께끼왕을 뽑아 보세요.

① 형제는 열인데 이름은 다섯 개인 것은? ☐☐☐

② 여름에는 푸른 주머니에 은돈을, 가을에는 붉은 주머니에 금돈을 넣고 있는 것은? ☐☐

③ 등은 등인데 섰을 때 하늘을 보는 등은? ☐☐

④ 겉은 푸르고 속은 붉은 것은? ☐☐

⑤ 가을에 모자를 쓰고 떡갈나무 아래 떼 지어 모여 있는 것은? ☐☐☐

⑥ 온몸을 골고루 얻어맞아야 맛있어지는 것은? ☐

⑦ 어려서는 물로 먹고, 커서는 알로 먹는 것은? ☐

⑧ 산골짜기에서 들리는 노랫소리는? ☐☐

⑨ 문어는 푸르고, 사람은 붉은 것은? ☐

⑩ 따뜻하게 하면 살아 있는 것이 되고, 더 따뜻하게 하면 먹는 것이 되는 것은?
☐☐

⑪ 옳다고 생각하면 항상 벗고 나서는 것은? ☐

⑫ 흑태, 서리태, 녹두, 대두를 한 글자로 말하면? ☐

⑬ 시거나 맛있는 것을 보면 솟아나는 물은? ☐

⑭ 태어난 날에 빠졌다고 하는 것은? ☐

⑮ 개는 개인데 짖지 않는 개는? ☐☐

2장
동물

먼 옛날부터 우리 선조들은
동물과 깊은 관계를 맺으며 살아왔어요.
그래서 우리 속담에도 개나 고양이, 새, 물고기 등이
자주 등장하지요. 그럼 동물과 관련된 속담이 우리에게
어떤 교훈을 전해 주는지 살펴볼까요?

가재는 ㄱ 편

모양이나 형편이 서로 비슷한 것끼리 서로 편을 들기 쉽다는 말

야, 그렇게 하면 반칙이지!

이거 반칙 아니거든!

반칙 맞거든!

내가 심판 봐 줄게. 싸우지들 마!

넌 재랑 같은 동네 살잖아. 가재는 ㄱ 편 아니야?

너랑은 같은 반이잖아. 그러니까 누구 편도 들지 않을게.

공정하게 심판 봐야 한다!

수수께끼 퀴즈

힌트: 옆으로는 가도, 앞뒤로는 못 가는 것은?

① 가재는 굴 편
② 가재는 게 편
③ 가재는 곰 편

정답: ②

닭 잡아먹고 ㅇ ㄹ 발 내놓기

자신이 저지른 일을 솔직하게 말하지 않고 시치미를 떼며 상대방을 속이려 할 때 쓰는 말

고래 싸움에 ㅅㅇ 등 터진다

센 사람끼리 싸우는 통에 아무 상관도 없는 약한 사람이 중간에 끼어 피해를 본다는 말

수수께끼 퀴즈

힌트: 바다가 좁다고 항상 등을 굽히고 사는 것은?

① 고래 싸움에 **새우** 등 터진다.
② 고래 싸움에 **상어** 등 터진다.
③ 고래 싸움에 **숭어** 등 터진다.

☐☐☐ 날자 배 떨어진다

전혀 상관없는 일이 우연히 동시에 일어나 억울하게 의심받는 상황을 이르는 말

수수께끼 퀴즈

① **사마귀** 날자 배 떨어진다.
② **까마귀** 날자 배 떨어진다.
③ **기러기** 날자 배 떨어진다.

힌트: 마귀는 마귀인데, 매일 울고 다니는 마귀는?

☐☐☐도 밟으면 꿈틀한다

아무리 착하고 얌전한 사람이라도 너무 업신여기면 가만있지 않는다는 말

수수께끼 퀴즈

① **지렁이**도 밟으면 꿈틀한다.
② **막둥이**도 밟으면 꿈틀한다.
③ **구렁이**도 밟으면 꿈틀한다.

힌트: 눈이 없는 동물은?

정답: ①

꿩 대신 ☐

적당한 것이 없을 때 그와 비슷한 것으로 대신한다는 말

수수께끼 퀴즈

① 꿩 대신 **닭**
② 꿩 대신 **학**
③ 꿩 대신 **매**

힌트: 빨간 왕관을 쓰고 아침을 알리는 것은?

☐☐☐ 굴에 가야 ☐☐☐ 새끼를 잡는다

뜻하는 결과를 얻으려면 그에 마땅한 일을 해야 한다는 말

수수께끼 퀴즈

① **코끼리** 굴에 가야 **코끼리** 새끼를 잡는다.
② **호랑이** 굴에 가야 **호랑이** 새끼를 잡는다.
③ **캥거루** 굴에 가야 **캥거루** 새끼를 잡는다.

힌트: 곶감을 가장 무서워하는 동물은?

정답: ②

속담으로 역사 배우기 타임

지금까지 배운 속담을 우리나라 역사에 적용해 볼까요? 우리 역사 속에 속담으로 표현할 수 있는 사건은 어떤 것이 있는지 함께 알아보아요.

"닭 잡아먹고 오리 발 내놓기"

우리나라는 1910년부터 1945년까지 36년간 일본에 나라를 빼앗겼어요. 일본이 조선을 식민지로 삼은 거예요. 일본은 우리 땅과 식량, 물건들을 빼앗은 것은 물론이고 우리나라 사람들을 총칼로 다스렸어요. 심지어 남자들은 군대로, 여자들은 위안부로 끌고 가기도 했지요. 그럼에도 일본은 이러한 잘못들을 인정하지 않고 있어요. 조선을 점령한 것 자체가 잘못된 일이 아니며, 오히려 자신들이 점령함으로써 조선이 더 잘 살게 된 거라며 큰소리치고 있지요. 하지만 우리는 일본의 이러한 행동이 '**닭 잡아먹고 오리 발 내놓는 격**'이라는 것을 잘 알고 있어요. 그래서 우리는 일본의 악행들을 일본 사람들뿐만 아니라 전 세계 사람들에게 알려 잘못된 역사의식을 바로잡고 제대로 된 사과를 받기 위해 노력해야 한답니다.

적 생각 못 한다

지난날 어렵고 부족하던 때의 일을 잊고 처음부터 잘난 듯이 뽐낸다는 말

수수께끼 퀴즈

① 개구리 올챙이 적 생각 못 한다.
② 닭 병아리 적 생각 못 한다.
③ 소 송아지 적 생각 못 한다.

힌트: 어른이 되려면 하나가 없어지고 네 개가 생겨야 하는 동물은?

정답: ①

똥 묻은 ▢가 겨 묻은 ▢ 나무란다

자기에게 더 큰 흉이 있으면서 남의 작은 흉을 나무란다는 말

수수께끼 퀴즈

① 똥 묻은 **소**가 겨 묻은 **소** 나무란다.
② 똥 묻은 **개**가 겨 묻은 **개** 나무란다.
③ 똥 묻은 **게**가 겨 묻은 **게** 나무란다.

둘을 잡으려다가 하나도 못 잡는다

욕심을 부려 한꺼번에 여러 가지 일을 하면 한 가지 일도 제대로 하지 못한다는 말

수수께끼 퀴즈

힌트: 빠르지만 달리기 시합에서 거북이에게 진 동물은?

① **토끼** 둘을 잡으려다가 하나도 못 잡는다.
② **나비** 둘을 잡으려다가 하나도 못 잡는다.
③ **모기** 둘을 잡으려다가 하나도 못 잡는다.

정답: ①

☐☐의 간을 내먹는다

어려운 사람의 것을 뜯어내는 욕심쟁이를 나무라는 말

수수께끼 퀴즈

① **벼룩**의 간을 내먹는다.
② **토끼**의 간을 내먹는다.
③ **멸치**의 간을 내먹는다.

힌트: 동물의 피를 빨아먹는 곤충은?

서당 ▢ 삼 년에 풍월을 읊는다

어떤 분야의 지식이 없는 사람이라도 그 분야에 오래 있으면 어느 정도의 지식이 쌓인다는 말

속담 넣어 일기 쓰기 타임

앞에서 공부한 속담을 읽고 비슷한 경험을 해 본 적이 있는지 떠올려 보세요.
그리고 속담을 넣어 그림 일기를 써 보세요.

월   일   요일

제목:

내가 고른 속담:

☐☐가 길면 밟힌다

나쁜 일을 여러 번 반복하면 결국 들키고 만다는 말

수수께끼 퀴즈

① **뿌리**가 길면 밟힌다.
② **꼬리**가 길면 밟힌다.
③ **치마**가 길면 밟힌다.

힌트: 올챙이 적엔 있었는데, 개구리 때 없는 것은?

☐☐ 보고 칼 빼기

아주 작은 일에 크게 반응한다는 말

☐☐☐도 제 말 하면 온다

다른 사람에 대해 이야기를 하는데, 그 사람이 나타났을 때 하는 말

☐☐☐도 제 말 하면 온다더니.

수수께끼 퀴즈

① **지렁이**도 제 말 하면 온다.
② **부반장**도 제 말 하면 온다.
③ **호랑이**도 제 말 하면 온다.

힌트: 가장 무서운 고양이는?

☐ 먹고 알 먹는다

한 가지 일을 하고 두 가지 이익을 본다는 말

수수께끼 퀴즈

① **꿩** 먹고 알 먹는다.
② **학** 먹고 알 먹는다.
③ **닭** 먹고 알 먹는다.

힌트: 항상 여기저기 '꽝' 하고 부딪히며 다니는 새는?

① : 정답

속담과 함께 사자성어 배우기 타임

사자성어는 네 개의 한자로 이루어진 말이에요. 앞에서 배운 속담을 사자성어로 어떻게 쓰는지, 비슷한 뜻의 사자성어에는 어떤 것이 있는지 배워 보아요.

烏(까마귀 오) 飛(날 비) 梨(배나무 이) 落(떨어질 락)

예시: **오비이락**이라더니, 어떤 애가 갑자기 내 앞에 넘어져서 내가 발을 걸었다고 오해를 받았어.

'까마귀 날자 배 떨어진다'는 속담은 한자로 '오비이락'이라고 써요. 관련 없는 일이 우연히 동시에 일어나 억울하게 의심을 받는 상황을 이르는 말이에요.

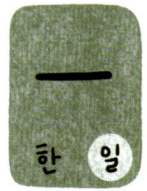

一(한 일) 擧(들 거) 兩(두 양) 得(얻을 득)

예시: 소를 한 마리 샀는데, 소가 새끼를 배고 있는 바람에 **일거양득**이었지.

한 번 들어서 두 개를 얻는다는 뜻으로, 한 가지 일을 하고 두 가지 이익을 본다는 말이에요. 비슷한 속담으로는 '도랑 치고 가재 잡는다', '꿩 먹고 알 먹는다', '굿 보고 떡 먹기' 등이 있어요.

小(작을 소) 貪(탐할 탐) 大(큰 대) 失(잃을 실)

예시: 귀찮아서 이를 잘 닦지 않았더니 이가 썩고 말았어. **소탐대실**이었지.

작은 것을 탐하다가 큰 것을 잃는다는 뜻의 사자성어예요. 비슷한 속담으로는 '토끼 둘을 잡으려다가 하나도 못 잡는다'를 들 수 있어요.

속담 퀴즈 타임

속담 연결하기 서로 관계 있는 것끼리 연결하여 속담을 완성해 보세요.

① 고래 싸움에　② 벼룩의　③ 원숭이도　④ 꼬리가

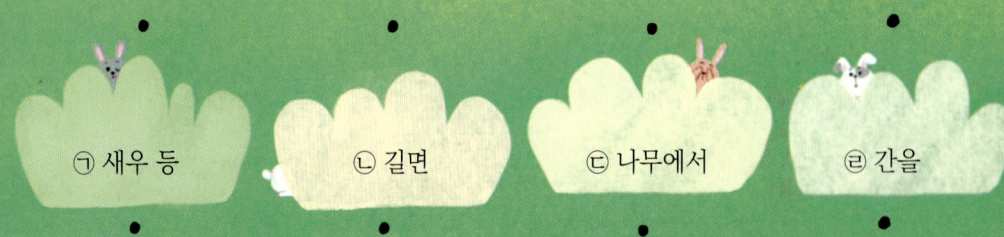

㉠ 새우 등　㉡ 길면　㉢ 나무에서　㉣ 간을

ⓐ 밟힌다.　ⓑ 떨어진다.　ⓒ 내먹는다.　ⓓ 터진다

속담 조합하기 아래 상자에 있는 낱말들을 조합하여 속담을 완성해 보세요.
(속담 4개)

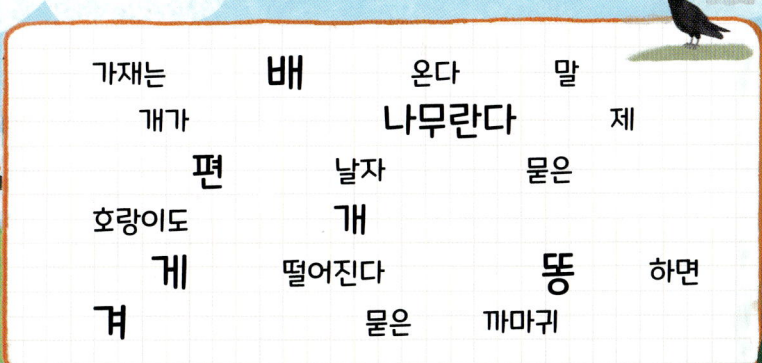

① --
② --
③ --
④ --

수수께끼 만들기 아래 주어진 단어가 들어간 속담을 쓰고, 단어에 어울리는 수수께끼를 만들어 보세요.

① **꼬리:**

② **올챙이:**

그림 보고 속담 맞추기 타임

아래 그림을 보고 그림이 의미하는 속담을 빈칸에 써 보세요.

①

②

③

④

속담으로 역사 배우기 타임

지금까지 배운 속담을 우리나라 역사에 적용해 볼까요? 우리 역사 속에 속담으로 표현할 수 있는 사건은 어떤 것이 있는지 함께 알아보아요.

"개구리 올챙이 적 생각 못 한다"

조선 인조 때의 일이에요. 나라 이름을 청나라로 고친 후금이 어느 날 조선에 임금과 신하의 관계를 맺자고 요구해 왔어요. 물론 청나라가 임금, 조선이 신하가 되는 거였지요. 조선 초기 세종대왕 때만 해도 청나라 사람들은 나라조차 없어서 조선에 살려 달라고 빌었었는데, **개구리 올챙이 적 생각 못 하고** 조선이 받아들일 수 없는 요구를 한 거예요. 결국 조선이 청나라의 요구를 받아들이지 않자 청나라는 조선으로 쳐들어왔어요. 이를 '병자호란'이라고 해요. 하지만 전쟁에 패배한 조선은 청나라의 신하가 될 수밖에 없었고, 나라가 망할 때까지 청나라를 임금의 나라로 섬겼답니다.

3장
자연

우리 민족은 대대로 사계절이 뚜렷한 아름다운 자연을 벗 삼아 살아왔어요. 따라서 속담 중에는 자연 요소가 들어가 있는 속담이 많이 있지요. 자연과 관련된 속담을 알아보며 자연의 소중함도 함께 느껴 보세요.

오르지 못할 [　　]는 쳐다보지도 마라

능력 밖의 일에 대해서는 욕심내지 않는 것이 좋다는 말

수수께끼 퀴즈

① 오르지 못할 **꼭대기**는 쳐다보지도 마라.
② 오르지 못할 **나무**는 쳐다보지도 마라.
③ 오르지 못할 **자리**는 쳐다보지도 마라.

힌트: 여름에는 초록 옷, 가을에는 빨간 옷을 입는 것은?

정답: ②

ㅂ난 집에 부채질한다

힘든 사람을 더 힘들게 하고, 화난 사람을 더 화나게 하는 경우에 쓰는 말

수수께끼 퀴즈

① **별**난 집에 부채질

② **불**난 집에 부채질

③ **병**난 집에 부채질

힌트: 나무를 먹으면 살고 물을 먹으면 죽는 것은?

정답: ②

될성부른 나무는 ☐☐ 부터 알아본다

크게 될 사람은 어릴 때부터 가능성이 엿보인다는 말

수수께끼 퀴즈

① 될성부른 나무는 **뽕잎**부터 알아본다.
② 될성부른 나무는 **깻잎**부터 알아본다.
③ 될성부른 나무는 **떡잎**부터 알아본다.

힌트: 씨앗에서 가장 먼저 나온 잎은?

윗 ▢ 이 맑아야 아랫 ▢ 이 맑다

윗사람이 잘해야 아랫사람도 본받아 잘한다는 말

수수께끼 퀴즈

① 윗**마을**이 맑아야 아랫**마을**이 맑다.
② 윗**사람**이 맑아야 아랫**사람**이 맑다.
③ 윗**물**이 맑아야 아랫**물**이 맑다.

힌트: 아무리 잘라도 잘리지 않는 것은?

정답: ③

마른 ____에 날벼락

예기치 않은 상황에서 갑자기 안 좋은 일이 일어났을 때 하는 말

브 ㄹ 앞의 등불

매우 위태로운 상황에 놓여 있음을 나타내는 말

수수께끼 퀴즈

① **벼랑** 앞의 등불
② **빌라** 앞의 등불
③ **바람** 앞의 등불

힌트: 손도 없이 나무를 흔드는 것은?

ㄱㄱㅅ도 식후경

아무리 재미있는 일이라도 밥을 먹은 후에 해야 제대로 즐길 수 있다는 말

수수께끼 퀴즈

① 개고생도 식후경
② 금강산도 식후경
③ 귀금속도 식후경

힌트: 일만 이천 봉우리가 있는 산은?

속담으로 역사 배우기 타임

지금까지 배운 속담을 우리나라 역사에 적용해 볼까요? 우리 역사 속에 속담으로 표현할 수 있는 사건은 어떤 것이 있는지 함께 알아보아요.

"될성부른 나무는 떡잎부터 알아본다"

부여의 왕자 주몽은 어릴 때부터 머리가 똑똑하고 활도 잘 쏘았어요. 활을 얼마나 잘 쏘았는지, 이름인 주몽도 활을 잘 쏘는 사람이라는 뜻이랍니다.

주몽이 너무 뛰어나자 주몽에게 왕위를 빼앗길까 봐 두려워진 부여의 다른 왕자들은 주몽을 괴롭히기 시작했어요. 부여의 왕도 왕자인 주몽에게 말을 키우게 하는 등 주몽을 못살게 굴었어요. 그래도 주몽은 묵묵히 할 일을 하며 자기 편을 모아 갔지요. 그러던 어느 날, 왕자들이 주몽을 죽이려고 하자 주몽은 자기 편과 함께 부여에서 도망쳐 남쪽으로 내려갔어요. 졸본 땅에 도착한 주몽은 졸본 왕의 딸 소서노와 결혼을 하고, 왕위를 물려받아 고구려를 건국했지요. 이렇게 어릴 때부터 뛰어난 사람을 보고 '**될성부른 나무는 떡잎부터 알아본다**'라고 한답니다.

밑 빠진 독에 □ 붓기

아무리 노력해도 보람이 없다는 말

수수께끼 퀴즈

① 밑 빠진 독에 **흙** 붓기
② 밑 빠진 독에 **약** 붓기
③ 밑 빠진 독에 **물** 붓기

힌트:
아무리 많이 모여도 하나밖에 안 되는 것은?

열 번 찍어 안 넘어가는 ☐☐ 없다

아무리 뜻이 굳은 사람이라도 여러 차례 권하고 달래면 결국은 마음이 변한다는 말

수수께끼 퀴즈

① 열 번 찍어 안 넘어가는 **나무** 없다.

② 열 번 찍어 안 넘어가는 **기둥** 없다.

③ 열 번 찍어 안 넘어가는 **사람** 없다.

힌트: 추울 때는 옷을 벗고 더울 때는 옷을 입는 것은?

가지 많은 나무에 ㅂ ㄹ 잘 날이 없다

자식을 많이 둔 부모는 걱정이 끊일 날이 없다는 말

수수께끼 퀴즈

① 가지 많은 나무에 **벼락** 잘 날이 없다.
② 가지 많은 나무에 **벌레** 잘 날이 없다.
③ 가지 많은 나무에 **바람** 잘 날이 없다.

말이 ☐가 된다

늘 말하던 말이나 무심코 던진 말이 사실대로 되었을 때 쓰는 말

수수께끼 퀴즈

① 말이 **비**가 된다.
② 말이 **씨**가 된다.
③ 말이 **쥐**가 된다

힌트: 땅에 묻어야 살아나는 것은?

㉠: 씨앗

☐에 번쩍 ☐에 번쩍

어디에 있을지 예상하지 못할 만큼 여기저기 왔다 갔다 함을 이르는 말

수수께끼 퀴즈

① 북에 번쩍 남에 번쩍
② 동에 번쩍 서에 번쩍
③ 밤에 번쩍 낮에 번쩍

힌트: 해가 뜨고 지는 방향은?

속담과 함께 사자성어 배우기 타임

사자성어는 네 개의 한자로 이루어진 말이에요. 앞에서 배운 속담을 사자성어로 어떻게 쓰는지, 비슷한 뜻의 사자성어에는 어떤 것이 있는지 배워 보아요.

움직임을 쉽게 알 수 없을 만큼 귀신같이 나타났다가 귀신처럼 사라진다는 말이에요. 비슷한 의미의 속담으로 '동에 번쩍 서에 번쩍'을 들 수 있어요.

예시: 홍길동이 이 동네 저 동네에 **신출귀몰**하며 백성을 괴롭히는 양반들을 혼내 주었대.

'마른하늘에 날벼락'이라는 속담은 한자로 '청천벽력'이라고 해요. 푸른 하늘, 즉 맑게 갠 하늘에서 치는 벼락이라는 뜻으로, 예기치 않은 상황에서 갑자기 안 좋은 일이 일어났을 때 하는 말이에요.

예시: 내 동생이 희귀병에 걸리다니 **청천벽력** 같은 소식이었어.

   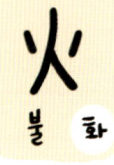

'바람 앞의 등불'이라는 속담은 한자로 '풍전등화'라고 써요. 바람 앞에 있는 등불이 곧 꺼질 듯 휘청이는 것처럼 아주 위태로운 상황을 나타내는 말이에요.

예시: 바이러스로 전 세계가 **풍전등화**의 위기에 휩싸였어.
예시: 이번 경기에서도 지면 야구부가 없어질 수도 있대. 야구부는 **풍전등화**의 상황에 처한 거지.

속담 퀴즈 타임

속담 사다리 타기 사다리를 타고 사라진 속담의 반쪽을 찾아가 보세요.

① 가지 많은 나무에   ② 될성부른 나무는   ③ 바람 앞의   ④ 동에 번쩍

㉠ 떡잎부터 알아본다.   ㉡ 바람 잘 날이 없다.   ㉢ 등불   ㉣ 서에 번쩍

속담 조합하기 아래 상자에 있는 낱말들을 조합하여 속담을 완성해 보세요. (속담 4개)

식후경   찍어   금강산도
안 넘어가는   날벼락   말이
씨가   마른하늘에   나무
없다   열 번   된다

①
②
③
④

어울리는 속담 넣기 아래의 그림을 보고 상황에 맞는 속담을 말풍선에 넣어 보세요.

①

②

속담 그림 그리기 타임

주어진 속담을 그림으로 그려 보세요. 그림을 그린 다음, 속담이 들어간 말풍선도 넣어 보세요.

불난 집에 부채질한다.

밑 빠진 독에 물 붓기

속담으로 역사 배우기 타임

지금까지 배운 속담을 우리나라 역사에 적용해 볼까요? 우리 역사 속에 속담으로 표현할 수 있는 사건은 어떤 것이 있는지 함께 알아보아요.

"가지 많은 나무에 바람 잘 날이 없다"

고려의 태조 왕건은 아들이 스물다섯 명이나 되었어요. 왕건이 후삼국을 통일한 뒤 나라를 안정시키기 위해 힘 있는 지방 귀족들의 딸과 결혼했기 때문이에요. 이렇게 아들의 수가 많다 보니 아들들은 왕의 자리를 두고 심각하게 싸웠어요. 왕건이 죽고 뒤를 이은 첫째 아들 혜종은 왕위를 노리는 세력들 때문에 마음 편할 날이 없었고, 결국 왕이 된 지 3년 만에 병을 얻어 목숨을 잃었어요. 그 뒤를 이은 정종도 4년 만에 병으로 세상을 떠났는데, 이 둘의 죽음을 두고 병으로 죽은 것인지 누군가에게 죽임을 당한 것인지에 대한 의견이 분분하지요. 치열했던 왕위 싸움은 왕건의 넷째 아들 광종이 왕위에 올라 왕족들을 정리한 뒤에야 잠잠해졌어요. 이렇게 자식이 많아 하루도 조용할 날이 없던 왕건의 집안을 두고 '**가지 많은 나무에 바람 잘 날 없다**'고 표현한답니다.

수수께끼 퀴즈 타임

앞에 나온 수수께끼를 가족이나 친구에게 읽어 주고, 누가 가장 많이 알아맞히는지 수수께끼왕을 뽑아 보세요.

① 옆으로는 가도, 앞뒤로는 못 가는 것은? ☐

② 아무리 가도 5리(약 2킬로미터)밖에 못 가는 것은? ☐☐

③ 바다가 좁다고 항상 등을 굽히고 사는 것은? ☐☐

④ 빨간 왕관을 쓰고 아침을 알리는 것은? ☐

⑤ 곶감을 가장 무서워하는 동물은? ☐☐☐

⑥ 앞으로는 노래하고 뒤로는 춤추는 것은? ☐

⑦ 어른이 되려면 하나가 없어지고 네 개가 생겨야 하는 동물은? ☐☐☐

⑧ 항상 멍들었다고 소리치는 것은? ☐

⑨ 보이기만 하면 박수 치는 것은? ☐☐

⑩ 여름에는 초록 옷, 가을에는 빨간 옷을 입는 것은? ☐☐

⑪ 나무를 먹으면 살고 물을 먹으면 죽는 것은? ☐

⑫ 아무리 잘라도 잘리지 않는 것은? ☐

⑬ 낮에는 파란색, 저녁에는 붉은색, 밤에는 검정색인 것은? ☐☐

⑭ 손도 없이 나무를 흔드는 것은? ☐☐

⑮ 땅에 묻어야 살아나는 것은? ☐

⑯ 추울 때는 옷을 벗고 더울 때는 옷을 입는 것은? ☐☐

4장
사물

속담에는 등잔, 호미, 솥뚜껑 등 먼 옛날 우리 조상들의 삶의 모습을 알 수 있는 사물들이 많이 등장해요. 이처럼 갖가지 사물을 소재로 한 속담을 살펴보며 우리 고유의 문화에는 어떤 것들이 있었는지 알아 보세요.

자라 보고 놀란 가슴 ☐☐☐ 보고 놀란다

어떤 것에 놀란 사람은 비슷한 것만 봐도 겁을 낸다는 말

수수께끼 퀴즈

① 자라 보고 놀란 가슴 **거북이** 보고 놀란다.
② 자라 보고 놀란 가슴 **솥뚜껑** 보고 놀란다.
③ 자라 보고 놀란 가슴 **돌멩이** 보고 놀란다.

힌트 : 매일 밥해 주고 상투 잡히는 것은?

사공이 많으면 □가 산으로 간다

여러 사람이 자기주장만 내세우면 일이 제대로 되기 어렵다는 말

수수께끼 퀴즈

① 사공이 많으면 **차**가 산으로 간다.
② 사공이 많으면 **배**가 산으로 간다.
③ 사공이 많으면 **파**가 산으로 간다.

힌트: 먹을 수도, 부를 수도, 탈 수도 있는 것은?

☐☐ 밑이 어둡다

사람이든 물건이든 가까이에 두고도 잘 알아차리지 못할 때 쓰는 말

수수께끼 퀴즈

① **돼지** 밑이 어둡다.
② **등잔** 밑이 어둡다.
③ **동전** 밑이 어둡다.

힌트: 등불을 밝히는 데에 쓰는 그릇은?

정답: ②

☐☐ 도둑이 소도둑 된다

작은 나쁜 짓을 반복하다 보면 결국 큰 잘못을 저지르게 된다는 말

수수께끼 퀴즈

① **신발** 도둑이 소도둑 된다.

② **바늘** 도둑이 소도둑 된다.

③ **우유** 도둑이 소도둑 된다.

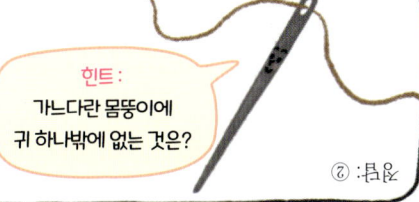

힌트 : 가느다란 몸뚱이에 귀 하나밖에 없는 것은?

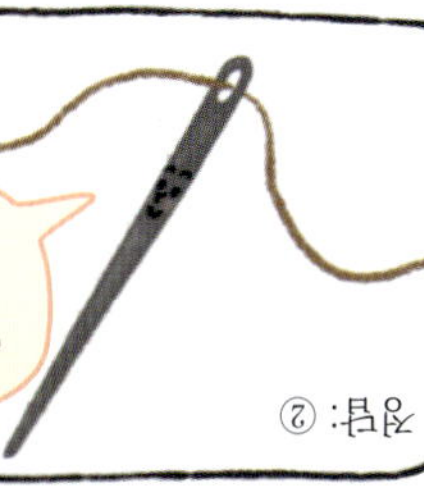

정답: ②

가랑비에 ☐ 젖는 줄 모른다

아무리 사소한 것이라도 계속되면 무시하지 못할 정도로 크게 된다는 말

> 가랑비에 ☐ 젖는 줄 모른다고, 맨날 군것질하니까 그렇지.

> 배가 언제 이렇게 나왔지?

수수께끼 퀴즈

① 가랑비에 **우산** 젖는 줄 모른다.
② 가랑비에 **머리** 젖는 줄 모른다.
③ 가랑비에 **옷** 젖는 줄 모른다.

힌트: 자랄수록 작아지는 것은?

정답: ③

속담으로 역사 배우기 타임

지금까지 배운 속담을 우리나라 역사에 적용해 볼까요? 우리 역사 속에 속담으로 표현할 수 있는 사건은 어떤 것이 있는지 함께 알아보아요.

"바늘 도둑이 소도둑 된다"

1910년 우리 민족은 일본에 나라를 빼앗겼어요. 그 후 1945년에 해방을 맞을 때까지 36년간 일제 강점기가 계속되었지요. 그런데 일본이 처음부터 조선을 집어삼키려던 건 아니었어요. 당시 외국과 교류하지 않던 조선의 문을 열고 조선과의 무역을 보다 유리하게 이끌기 위해 1876년 강제로 '강화도 조약'을 맺은 게 그 시작이었지요. 하지만 그 후부터 일본의 악행은 점점 늘어났어요. 우리 땅에 허락 없이 군대를 보내 우리 농민들이 일으킨 농민 운동을 방해하고 외국과 전쟁을 벌이더니, 결국엔 조선의 왕비를 죽이고 외교권까지 빼앗아 갔지요. 그것으로도 모자랐는지 일본은 임금을 내쫓고 조선의 군대마저 해산시킨 뒤 마침내 조선을 통째로 움켜쥐어 버렸어요. 이렇게 조금씩 나쁜 짓을 반복하다가 결국 큰 잘못까지 저지르는 일본의 행동을 가리켜 '바늘 도둑이 소도둑 되었다'고 할 수 있답니다.

아니 땐 ☐☐에 연기 날까

결과에는 반드시 원인이 있음을 이르는 말

수수께끼 퀴즈

① 아니 땐 **밥솥**에 연기 날까.
② 아니 땐 **굴뚝**에 연기 날까.
③ 아니 땐 **장작**에 연기 날까.

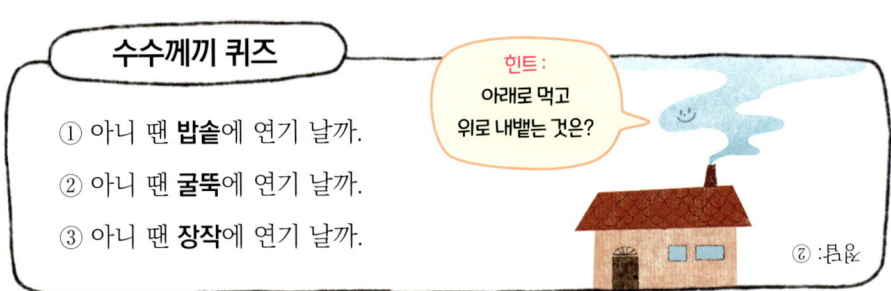

참새가 ▢을 그저 지나랴

자기가 좋아하는 곳은 그냥 지나치지 못한다는 말

수수께끼 퀴즈

① 참새가 **전깃줄**을 그저 지나랴.
② 참새가 **빵집**을 그저 지나랴.
③ 참새가 **방앗간**을 그저 지나랴.

힌트: 방아를 이용해 곡식을 찧거나 빻는 장소는?

바늘 가는 데 ㅅ 간다

꼭 함께하는 관계를 뜻하는 말

수수께끼 퀴즈

① 바늘 가는 데 **실** 간다.
② 바늘 가는 데 **손** 간다.
③ 바늘 가는 데 **쇠** 간다.

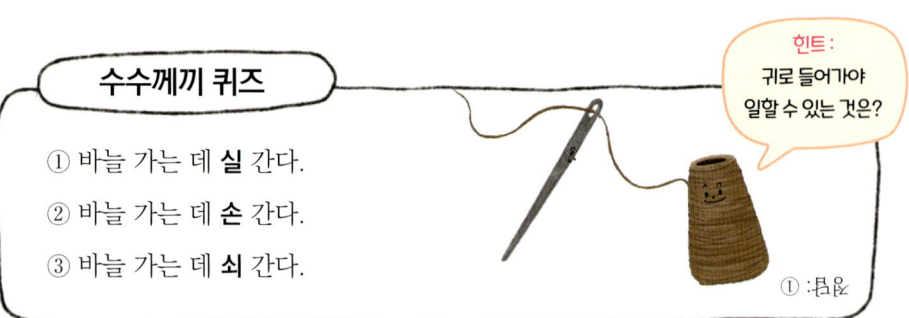

☐에서 새는 바가지는 들에 가도 샌다

본바탕이 좋지 않은 사람은 어디를 가든 그 본색이 드러난다는 말

수수께끼 퀴즈

① **집**에서 새는 바가지는 들에 가도 샌다.
② **강**에서 새는 바가지는 들에 가도 샌다.
③ **밭**에서 새는 바가지는 들에 가도 샌다.

호미로 막을 것을 가래로 막는다

적은 힘으로 처리할 수 있는 일을 미루다가 나중에 큰 힘을 들이게 된다는 말

수수께끼 퀴즈

① **현미**로 막을 것을 가래로 막는다.

② **호미**로 막을 것을 가래로 막는다.

③ **해마**로 막을 것을 가래로 막는다.

속담 넣어 일기 쓰기 타임

앞에서 공부한 속담을 읽고 비슷한 경험을 해 본 적이 있는지 떠올려 보세요.
그리고 속담을 넣어 일기를 써 보세요.

월   일   요일

제목:

내가 고른 속담:

ㄱ ㅅ이 서 말이라도 꿰어야 보배

아무리 좋은 것이라도 쓸모 있게 만들어 놓아야 값어치가 있다는 말

수수께끼 퀴즈

① **금실**이 서 말이라도 꿰어야 보배
② **곡식**이 서 말이라도 꿰어야 보배
③ **구슬**이 서 말이라도 꿰어야 보배

힌트: 평생을 구슬퍼하며 굴러다니는 것은?

정답: ③

소 잃고 [   ] 고친다

일이 이미 잘못된 뒤에는 손을 써도 소용이 없음을 비꼬는 말

수수께끼 퀴즈

① 소 잃고 **푸줏간** 고친다.

② 소 잃고 **마구간** 고친다.

③ 소 잃고 **외양간** 고친다.

힌트: 소를 키우는 곳은?

닭 쫓던 개 ㅈㅂ 쳐다보듯

노력하던 일이 실패하여 어찌할 방법이 없다는 말

☐☐☐도 맞들면 낫다

쉬운 일이라도 여러 사람이 힘을 합쳐 하면 훨씬 더 효과적이라는 말

수수께끼 퀴즈

힌트: 하얀색, 종이와 관계있는 것은?

① **솜사탕**도 맞들면 낫다.
② **스펀지**도 맞들면 낫다.
③ **백지장**도 맞들면 낫다.

재주는 곰이 넘고 ☐ 은 주인이 받는다

일한 사람은 따로 있고, 그 일에 대한 보상은 엉뚱한 사람이 받는다는 말

수수께끼 퀴즈

① 재주는 곰이 넘고 **꿀**은 주인이 받는다.
② 재주는 곰이 넘고 **상**은 주인이 받는다.
③ 재주는 곰이 넘고 **돈**은 주인이 받는다.

힌트:
온 세상을 돌아다니며 환영받는 종이는?

정답: ③

속담과 함께 사자성어 배우기 타임

사자성어는 네 개의 한자로 이루어진 말이에요. 앞에서 배운 속담을 사자성어로 어떻게 쓰는지, 비슷한 뜻의 사자성어에는 어떤 것이 있는지 배워 보아요.

 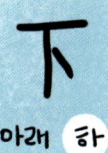 

'등잔 밑이 어둡다'는 속담을 한자로 옮기면 '등하불명'이 돼요. 무엇이든 가까운 곳에 두고도 잘 알아차리지 못할 때 쓰는 말이에요.

예시: 우리 학교에 이렇게 뛰어난 학생이 있었다니, 완전 **등하불명**이었네!

밥 열 숟가락이 모여 밥 한 그릇이 된다는 뜻으로, 여러 사람이 힘을 합치면 작은 힘으로도 큰 도움을 줄 수 있다는 말이에요. '백지장도 맞들면 낫다'라는 속담과 비슷한 뜻의 사자성어이지요.

예시: **십시일반**이라고 여럿이 조금씩 모아 기부금을 마련했어.
예시: **십시일반**으로 힘을 모아 어려움을 헤쳐 나갔어.

준비가 되어 있으면 걱정할 것이 없다는 뜻의 사자성어예요. '소 잃고 외양간 고친다'는 속담과 비슷한 뜻을 담고 있어요.

예시: 여름철을 위한 **유비무환**의 대책은 뭐가 있을까?
예시: 거북선을 만든 이순신 장군의 **유비무환** 정신을 본받아야지.

속담 퀴즈 타임

속담 연결하기 아래 그림에는 완전한 속담 세 개가 숨어 있어요. 속담은 가로, 세로로 연결되어 있답니다. 이제 두 눈을 크게 뜨고 속담을 찾아 보세요.

자	라	보	고	소	도	둑	된	다
등	잔	밑	놀	란	닭	아	등	구
사	공	이	어	둡	다	니	잔	슬
배	가	산	으	로	소	뗀	밑	이
바	참	바	가	지	는	굴	보	서
늘	새	소	잃	고	외	뚝	배	말
가	가	호	미	가	양	지	붕	이
는	방	앗	간	랑	간	고	친	다
데	실	간	다	비	에	옷	젖	는

속담 바꿔 쓰기 앞에서 배운 속담을 지금 우리 생활에 맞게 바꿔서 써 보세요. 단, 의미는 바꾸면 안 돼요.

예시) 아니 땐 굴뚝에 연기 날까. → 접속 안 한 사이트에 결제 될까.

예시) 참새가 방앗간을 그저 지나랴. → 게임광이 PC방을 그냥 지나랴.

🔸 **속담 완성하기** 주어진 속담의 앞부분을 보고 뒷부분을 완성해 보세요.

1. 자라 보고 놀란 가슴

2. 구슬이 서 말이라도

3. 집에서 새는 바가지는

4. 재주는 곰이 넘고

5. 백지장도

6. 바늘 도둑이

🔸 **속담 조합하기** 아래 상자에 있는 낱말들을 조합하여 속담을 완성해 보세요.
(속담 3개)

막는다	옷	배가	호미로	가랑비에
모른다	산으로	많으면	가래로
사공이	젖는	간다
것을	줄	막을

①

②

③

그림 보고 속담 맞추기 타임

아래 그림을 보고 그림이 의미하는 속담을 빈칸에 써 보세요.

①
②

③
④

속담으로 역사 배우기 타임

지금까지 배운 속담을 우리나라 역사에 적용해 볼까요? 우리 역사 속에 속담으로 표현할 수 있는 사건은 어떤 것이 있는지 함께 알아보아요.

"백지장도 맞들면 낫다"

예로부터 우리 민족은 나라에 어려운 일이 닥치면 다 함께 나서서 위기를 극복하기로 유명해요. 그런 예 중 하나가 바로 의병 운동이라고 할 수 있어요. 의병은 백성들이 스스로 만든 군대로, 주로 자신이 사는 지역을 지키거나 근처에 있는 정식 군대를 도와 외적과 싸우는 역할을 했어요. '백지장도 맞들면 낫다'고 나라의 어려움을 일반 백성들이 함께 해결하려고 한 것이지요. 우리 역사에서 유명한 의병들의 활동으로는 고려 시대에 몽골이 침입했을 때, 조선 중기 임진왜란 때, 그리고 조선 말에 일본이 우리나라를 집어삼키려 했을 때 등이 있답니다. 이런 의병 정신은 현대에도 이어졌어요. 경제 위기로 나라가 어려워지자 국민들이 금 모으기 운동을 벌여 나라의 빚을 갚았고, 태안 앞바다에 기름이 유출되었을 때는 전국에서 모인 국민들이 바닷가로 밀려온 기름을 닦고 걷어 내어 세계를 깜짝 놀라게 했답니다.

5장 생활

우리의 생활과도 아주 밀접한 관련이 있는 속담은
말과 행동, 습관이 얼마나 중요한지, 그리고 위기 상황에서는
어떻게 대처해야 하는지에 대한 지혜를 전달해요.
생활을 주제로 한 속담을 익히다 보면
여러분의 일상생활도 더 즐거워질 거예요!

가는 ☐이 고와야 오는 ☐이 곱다

내가 좋은 말과 행동을 해야 남도 나에게 좋은 말과 행동을 한다는 말

수수께끼 퀴즈

① 가는 **마음**이 고와야 오는 **마음**이 곱다.
② 가는 **말**이 고와야 오는 **말**이 곱다.
③ 가는 **눈길**이 고와야 오는 **눈길**이 곱다.

낫 놓고 ☐☐ 자도 모른다

글자를 모를 정도로 아주 무식하다는 말

수수께끼 퀴즈

힌트: 한글 자음 중 첫째 글자의 이름은?

① 낫 놓고 **디귿** 자도 모른다.
② 낫 놓고 **니은** 자도 모른다.
③ 낫 놓고 **기역** 자도 모른다.

하늘이 무너져도 솟아날 ☐☐이 있다

힘들고 어려운 일에 부딪히더라도 그 일에서 벗어날 희망이 있다는 말

달면 삼키고 ☐면 뱉는다

자신의 이익이나 손해에 따라 옳고 그름과 좋고 나쁨의 판단이 바뀔 때 하는 말

수수께끼 퀴즈

① 달면 삼키고 **쓰면** 뱉는다.
② 달면 삼키고 **짜면** 뱉는다.
③ 달면 삼키고 **시면** 뱉는다.

힌트: 한약, 커피, 씀바귀로 떠오르는 맛은?

속담으로 역사 배우기 타임

지금까지 배운 속담을 우리나라 역사에 적용해 볼까요? 우리 역사 속에 속담으로 표현할 수 있는 사건은 어떤 것이 있는지 함께 알아보아요.

"하늘이 무너져도 솟아날 구멍이 있다"

조선 선조 때, 일본이 조선 땅으로 쳐들어오면서 임진왜란이 시작되었어요. 전쟁에 대비하지 못했던 조선은 힘 한번 제대로 못 써 보고 20여 일 만에 서울을 내어 준 데다 평양까지 함락 당할 위기에 처했지요. 서울을 버리고 평양으로 도망갔던 선조는 한반도 북쪽 끝인 의주까지 다시 도망쳐야 했어요. 하지만 '**하늘이 무너져도 솟아날 구멍이 있다**'고, 이렇게 나라의 운명이 위태로워졌을 때 기쁜 소식이 들려왔어요. 이순신 장군이 한산도 앞바다에서 일본군을 크게 무찌른 거예요. 조선군이 패배했다는 소식만을 전해 들었던 선조와 신하들은 크게 기뻐했어요. 이후로도 이순신은 일본군과의 해전에서 모두 승리하며 임진왜란을 승리로 이끄는 데 큰 공을 세운답니다.

세 살 적 ☐☐이 여든까지 간다

어릴 때 몸에 밴 버릇은 늙어서도 고치기 힘들다는 말

수수께끼 퀴즈

힌트 : 나쁜 것은 쉽게 익히고 좋은 것은 더디 익히는 것은?

① 세 살 적 **식성**이 여든까지 간다.
② 세 살 적 **지능**이 여든까지 간다.
③ 세 살 적 **버릇**이 여든까지 간다.

정답 : ③

떡 줄 사람은 꾀도 안 꾸는데 김칫국부터 마신다

해 줄 사람은 생각지도 않는데 미리 다 된 일로 믿고 행동한다는 말

수수께끼 퀴즈

① 떡 줄 사람은 **깨**도 안 꾸는데 김칫국부터 마신다.
② 떡 줄 사람은 **껌**도 안 꾸는데 김칫국부터 마신다.
③ 떡 줄 사람은 **꿈**도 안 꾸는데 김칫국부터 마신다.

돌다리도 ☐☐☐ 보고 건너라

잘 아는 일이라도 세심하게 주의를 기울이라는 말

수수께끼 퀴즈

① 돌다리도 **두들겨** 보고 건너라.
② 돌다리도 **휘저어** 보고 건너라.
③ 돌다리도 **뒤집어** 보고 건너라.

힌트: 어깨, 북, 문과 어울리는 말은?

⬜⬜ 끝에 낙이 온다

어려운 일을 겪고 난 뒤에는 반드시 좋은 일이 생긴다는 말

연습할 때는 힘들었는데, ㄱㅅ 끝에 낙이 오는구나.

수수께끼 퀴즈

① **연습** 끝에 낙이 온다.
② **시합** 끝에 낙이 온다.
③ **고생** 끝에 낙이 온다.

힌트: 젊어서는 사서도 하는 것은?

정답: ③

☐☐ 이 사람 잡는다

서투르고 미숙한 사람이 함부로 일하다가 큰일을 저지른다는 말

> 여보, 선풍기에서 자꾸 이상한 소리가 나!

> 그래? 내가 고쳐 볼게.

> 이제 됐으려나….

> 엥? 작동이 아예 안 되는데? ☐☐☐이 사람 잡는다고, 선풍기를 완전히 망가뜨려 버렸네….

수수께끼 퀴즈

① **좀도둑**이 사람 잡는다.
② **선무당**이 사람 잡는다.
③ **예스맨**이 사람 잡는다.

힌트: 서투르고 미숙하게 굿을 하는 사람은?

ⓐ: 당무선

120

속담 넣어 일기 쓰기 타임

앞에서 공부한 속담을 읽고 비슷한 경험을 해 본 적이 있는지 떠올려 보세요.
그리고 속담을 넣어 그림 일기를 써 보세요.

월   일   요일

제목:

내가 고른 속담:

말 한마디에 천 냥 ㅂ도 갚는다

말만 잘하면 어려운 일도 해결할 수 있다는 말

숭어가 □니까 망둥이도 □다

자신의 분수는 생각하지 않고 자신보다 나은 사람을 따라 한다는 말

수수께끼 퀴즈

① 숭어가 **우니까** 망둥이도 **운다**.
② 숭어가 **뛰니까** 망둥이도 **뛴다**.
③ 숭어가 **하니까** 망둥이도 **한다**.

힌트: 메뚜기, 줄넘기, 개구리를 보면 생각나는 말은?

호랑이에게 물려 가도 ☐☐만 차리면 산다

아무리 위급한 상황에서도 정신만 차리면 위기를 벗어날 수 있다는 말

수수께끼 퀴즈

힌트: 신은 신인데 잃을 수도, 빠질 수도 있는 것은?

① 호랑이에게 물려 가도 **밥상**만 차리면 산다.
② 호랑이에게 물려 가도 **정신**만 차리면 산다.
③ 호랑이에게 물려 가도 **예의**만 차리면 산다.

정답: ②

불면 ☐ 쥐면 ☐

부모가 어린 자녀를 아주 조심스럽고 귀하게 키운다는 말

수수께끼 퀴즈

힌트: 촛불과 풍선과 어울리는 말은?

① 불면 **좋아할까** 쥐면 **싫어할까**

② 불면 **재미있을까** 쥐면 **재미없을까**

③ 불면 **꺼질까** 쥐면 **터질까**

정답: ③

☐☐ 주고 ☐☐ 받는다

남에게 조그만 해를 끼쳤다가 큰 되갚음을 당한다는 말

수수께끼 퀴즈

① 조금 주고 많이 받는다.
② 하나 주고 둘로 받는다.
③ 되로 주고 말로 받는다.

힌트: 곡식이나 가루의 부피를 재는 단위는?

되(약 2리터)   말(약 20리터)

정답: ③

속담과 함께 사자성어 배우기 타임

사자성어는 네 개의 한자로 이루어진 말이에요. 앞에서 배운 속담을 사자성어로 어떻게 쓰는지, 비슷한 뜻의 사자성어에는 어떤 것이 있는지 배워 보아요.

'고생 끝에 낙이 온다'는 속담은 한자로 '고진감래'라고 써요. 쓴 것이 지나가면 단 것이 온다는 뜻으로, 고생 끝에 즐거움이 찾아온다는 말이에요.

예시: **고진감래**라고 힘든 일도 다 지나갈 거야.
예시: 내가 이렇게 참고 견디는 것은 **고진감래**가 진리라고 믿기 때문이야.

'달면 삼키고 쓰면 뱉는다'는 속담을 한자로 옮기면 '감탄고토'가 돼요. 자신의 이익이나 손해에 따라 옳고 그름과 좋고 나쁨의 판단이 바뀔 때 하는 말이에요.

예시: 주변 사람들이 어려울 때도 힘이 될 줄 알아야지, **감탄고토**하듯 사람을 대하면 안 돼.
예시: **감탄고토**는 의리 없는 사람들이 보여 주는 태도야.

금으로 된 가지와 옥으로 된 잎이라는 뜻으로, 귀한 자손을 이르는 말이에요. 비슷한 속담으로는 '불면 꺼질까 쥐면 터질까'가 있어요.

예시: 두 딸은 그에게 **금지옥엽**이었어.
예시: 우리 할머니는 나를 **금지옥엽**으로 귀하게 키웠어.

 속담 퀴즈 타임

속담 사다리 타기 사다리를 타고 사라진 속담의 반쪽을 찾아가 보세요.

① 가는 말이 고와야
② 호랑이는 죽어서 가죽을 남기고
③ 세 살 적 버릇
④ 되로 주고

㉠ 사람은 죽어서 이름을 남긴다.
㉡ 여든까지 간다.
㉢ 오는 말이 곱다.
㉣ 말로 받는다.

속담 만들기 지금까지 배운 속담들을 훑어보고 나만의 속담을 만들어 보세요. 속담을 만든 뒤 속담의 풀이도 써 보세요.

내가 만든 속담	풀이
예시) 짜장면 시키고 탕수육 바란다.	예시) 자신의 행동과는 다른 결과를 바라는 것을 나무라는 말. |//
내가 만든 속담	풀이

어울리는 속담 넣기 아래의 그림을 보고 상황에 맞는 속담을 말풍선에 넣어 보세요.

①

②

속담 그림 그리기 타임

주어진 속담을 그림으로 그려 보세요. 그림을 그린 다음, 속담이 들어간 말풍선도 넣어 보세요.

돌다리도 두들겨 보고 건너라.

낫 놓고 기역 자도 모른다.

속담으로 역사 배우기 타임

지금까지 배운 속담을 우리나라 역사에 적용해 볼까요? 우리 역사 속에 속담으로 표현할 수 있는 사건은 어떤 것이 있는지 함께 알아보아요.

"말 한마디에 천 냥 빚도 갚는다"

고려 성종 때, 거란의 장군 소손녕이 80만 대군을 이끌고 고려로 쳐들어왔어요. 고려에서는 외교가인 서희를 보내 거란과 협상하게 했지요. 거란은 고려에 크게 두 가지를 요구했어요. 첫째, 고려는 신라의 뒤를 이은 나라이니 고려가 점령하고 있는 고구려 땅을 돌려줄 것. 둘째, 송나라와 교류를 끊고 거란과 교류할 것. 이에 서희는 고려는 고구려를 이은 나라이므로 고구려 땅은 마땅히 고려의 것이며, 고려가 거란과 교류하지 못하는 것은 여진족 때문이니 여진족을 내쫓아 주어야만 거란과 교류할 수 있다고 주장했어요. 협상 결과, 고려는 결국 거란군을 물러나게 하고 여진족을 내쫓는 데 성공하여 압록강 부근의 강동 6주를 얻게 되었지요. 거란과의 전쟁으로 큰 피해를 입을 뻔한 상황을 오히려 큰 이익을 얻는 상황으로 바꾼 서희는 그야말로 '**말 한마디에 천 냥 빚도 갚는다**'는 속담을 행동으로 보여 준 대표적인 인물이랍니다.

🐧 수수께끼 퀴즈 타임

앞에 나온 수수께끼를 가족이나 친구에게 읽어 주고, 누가 가장 많이 알아맞히는지 수수께끼왕을 뽑아 보세요.

① 매일 밥해 주고 상투 잡히는 것은? ☐☐☐

② 평생을 구슬퍼하며 굴러다니는 것은? ☐☐

③ 가느다란 몸뚱이에 귀 하나밖에 없는 것은? ☐☐

④ 자랄수록 작아지는 것은? ☐

⑤ 아래로 먹고 위로 내뱉는 것은? ☐☐

⑥ 귀로 들어가야 일할 수 있는 것은? ☐

⑦ 나가면 들어가고 싶고, 들어가면 나가고 싶은 곳은? ☐

⑧ 먹을 수도, 부를 수도, 탈 수도 있는 것은? ☐

⑨ 서면 낮고 앉으면 높아 보이는 것은? ☐☐

⑩ 온 세상을 돌아다니며 환영 받는 종이는? ☐

⑪ 뱉으면 주워 담을 수 없는 것은? ☐

⑫ 파면 팔수록 커지는 것은? ☐☐

⑬ 내 것인데 남이 더 많이 사용하는 것은? ☐☐

⑭ 나쁜 것은 쉽게 익히고 좋은 것은 더디 익히는 것은? ☐☐

⑮ 눈을 감아야 보이는 것은? ☐

⑯ 젊어서는 사서도 하는 것은? ☐☐

⑰ 쓰면 쓸수록 늘어나는 것은? ☐

⑱ 신은 신인데 잃을 수도, 빠질 수도 있는 것은? ☐☐

⑲ 삼각형으로 된 머리가 열심히 땅을 파는 것은? ☐☐

정답

1장

30쪽

속담 연결하기
① → ㅁ
② → ㄷ
③ → ㄴ
④ → ㅅ
⑤ → ㄱ
⑥ → ㄹ
⑦ → ㅂ

31쪽

숨은 속담 찾기

개	똥	도	약	에	먹	새	발	의
수	박	겉	핥	찍	기	바	등	피
벼	이	삭	기	힌	다	위	치	기
도	끼	은	믿	는	발	등	찍	힌
쇠	도	익	똥	누	워	서	떡	먹
귀	토	을	발	없	는	말	이	기
에	리	키	재	기	계	란	으	로
침	먹	기	안	아	픈	손	가	락
뱉	작	은	고	추	가	더	맵	다

32쪽

그림 보고 속담 맞추기 타임
① 계란으로 바위 치기
② 쇠귀에 경 읽기
③ 믿는 도끼에 발등 찍힌다.
④ 누워서 침 뱉기

34쪽-35쪽

수수께끼 퀴즈 타임
① 손가락
② 고추
③ 발등
④ 수박
⑤ 도토리
⑥ 떡
⑦ 약
⑧ 방귀
⑨ 피
⑩ 계란
⑪ 발
⑫ 콩
⑬ 침
⑭ 귀
⑮ 고개

2장

58쪽

속담 연결하기
① → ⓓ
② → ⓒ
③ → ⓑ
④ → ⓐ

59쪽

속담 조합하기
① 가재는 게 편
② 호랑이도 제 말 하면 온다.
③ 똥 묻은 개가 겨 묻은 개 나무란다.
④ 까마귀 날자 배 떨어진다.

수수께끼 만들기
① 꼬리가 길면 밟힌다.
② 개구리 올챙이 적 생각 못 한다.

60쪽

그림 보고 속담 맞추기 타임
① 호랑이 굴에 가야 호랑이 새끼를 잡는다.
② 서당 개 삼 년에 풍월을 읊다.
③ 모기 보고 칼 빼기
④ 지렁이도 밟으면 꿈틀한다.

3장

78쪽

속담 사다리 타기
① → ㄴ
② → ㄱ
③ → ㄷ
④ → ㄹ

속담 조합하기
① 마른하늘에 날벼락
② 금강산도 식후경
③ 열 번 찍어 안 넘어가는 나무 없다.
④ 말이 씨가 된다.

79쪽

어울리는 속담 넣기
① 윗물이 맑아야 아랫물도 맑다
② 오르지 못할 나무는 쳐다보지도 말라

82쪽-83쪽

수수께끼 퀴즈 타임
① 게
② 오리
③ 새우
④ 닭
⑤ 호랑이
⑥ 개
⑦ 개구리 또는 올챙이
⑧ 개
⑨ 모기
⑩ 나무
⑪ 불
⑫ 물
⑬ 하늘
⑭ 바람
⑮ 씨
⑯ 나무

4장

104쪽

숨은 속담 찾기

자	라	보	고	소	도	둑	된	다
등	잔	밑	놀	란	닭	아	등	구
사	공	이	어	둡	다	니	잔	슬
배	가	산	으	로	소	떼	밑	이
바	참	바	가	지	는	굴	보	서
늘	새	소	잃	고	외	뚝	배	말
가	가	호	미	가	양	지	붕	이
는	방	앗	간	랑	간	고	친	다
데	실	간	다	비	에	옷	젖	는

105쪽

속담 완성하기
① 솥뚜껑 보고 놀란다.
② 꿰어야 보배
③ 들에 가도 샌다.
④ 돈은 주인이 받는다.
⑤ 맞들면 낫다.
⑥ 소도둑 된다.

속담 조합하기
① 사공이 많으면 배가 산으로 간다.
② 가랑비에 옷 젖는 줄 모른다.
③ 호미로 막을 것을 가래로 막는다.

106쪽

속담 완성하기
① 바늘 도둑이 소도둑 된다.
② 닭 쫓던 개 지붕 쳐다보듯
③ 자라 보고 놀란 가슴 솥뚜껑 보고 놀란다.
④ 재주는 곰이 넘고 돈은 주인이 받는다.

5장

128쪽

속담 사다리 타기
① → ㉢
② → ㉠
③ → ㉣
④ → ㉡

129쪽

어울리는 속담 넣기
① 떡 줄 사람은 꿈도 안 꾸는데 김칫국부터 마시네.
② 고생 끝에 낙이 온다.

132쪽-133쪽

수수께끼 퀴즈 타임
① 솥뚜껑
② 구슬
③ 바늘
④ 옷
⑤ 굴뚝
⑥ 실
⑦ 집
⑧ 배
⑨ 지붕
⑩ 돈
⑪ 말
⑫ 구멍
⑬ 이름
⑭ 버릇
⑮ 꿈
⑯ 고생
⑰ 빚
⑱ 정신
⑲ 호미

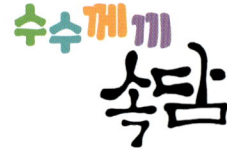

2022년 11월 5일 초판 1쇄 인쇄
2022년 11월 15일 초판 1쇄 발행

글 김민소
그림 손성은

발행인 황민호
콘텐츠3사업본부장 석인수
기획 글씸(U&J) 박상은
편집 글씸(U&J) 강민규, 김지현
디자인 글씸(U&J) 임재승

발행처 대원씨아이(주) http://www.dwci.co.k
등록번호 1992년 5월 11일 등록 제3-563호
주소 서울시 용산구 한강대로15길 9-12
전화 편집 02-2071-2157, **영업** 02-2071-2066
팩스 02-794-7771

ⓒU&J 2022
ISBN 979-11-6944-609-9 73810

가격 13,000원

※ 이 책은 저작권법에 따라 보호 받는 저작물이므로 무단 전재와 복제를 금합니다.
※ 잘못된 책은 구입하신 곳에서 교환해 드립니다.